AF235972

Die Ostsee lieben lernen

Der perfekte Reiseführer für einen unvergesslichen Aufenthalt an der Ostsee inkl. Insider-Tipps

Georg Schöffler

✈ INHALT

Das erwartet Sie in diesem Buch

Die Ostsee ist ein Binnenmeer, das besonders an den Küsten zahlreiche Möglichkeiten für Ausflüge und Erholung bietet. Sie erstreckt sich von Deutschland bis hoch in den Norden nach Schweden. Besonders bei den Deutschen ist sie ein beliebtes Urlaubsziel. Vielfältig bietet sie Optionen für Groß und Klein und für jeden Geldbeutel. Von Tier- und Erlebnisparks, Museen bis Boutiquen an traumhaften Strandpromenaden ist alles dabei und dafür muss man hier in Deutschland nicht einmal weit reisen. Übernachtungen in Hotels, Ferienwohnungen, auf dem Zeltplatz oder sogar auf einem Segelboot bieten viele Möglichkeiten, den Urlaub perfekt oder sogar zu einem Abenteuer zu machen. Auch die Natur besticht Urlauber jedes Jahr durch ihre Schönheit. Mit Fahrradtouren, Wanderungen und sogar mit dem Boot kann man beeindruckende Naturphänomene, wie die Rügener Kreidesteilküste, bestaunen. Auch zu jeder Jahreszeit ist eine Reise an die Ostsee ein unvergessliches Erlebnis. Im Sommer ist die Ostsee gut besucht, man bräunt sich am Strand und genießt das Geräusch der rauschenden Wellen. Im Winter und Frühjahr werden Städte, Orte und Inseln erkundet und Wanderungen unternommen. Im Herbst lässt man am Strand der rauen See den Drachen steigen oder schwingt sich aufs Rad, um die Natur zu bewundern.

Steigen Sie mal nicht in den Flieger, um südeuropäische Strände zu besuchen, sondern reisen Sie mit dem Pkw, Bus oder mit dem Zug zu den schönsten Stränden im eigenen Heimatland und lernen Sie die Ostsee kennen. Dieses Buch bietet zahlreiche Ideen für Unternehmungen und Ausflüge und beinhaltet Informationen und Tipps zum beliebten Reiseziel und wie Sie Ihren Urlaub so perfekt wie möglich machen.

Europas Binnenmeer

D ie Ostsee wird auch das baltische Meer genannt und ist ein europäisches Binnenmeer, das 412.500 km² groß und bis zu 459 m tief ist. Je nachdem, wie die Region eingegrenzt wird, leben an der Ostsee zwischen 50 und 85 Millionen Menschen.

Die deutsche Ostseeküste umfasst eine Küstenlänge von über 2000 km und erstreckt sich von Flensburg bis Stettin. Dazu gehören aber auch zahlreiche Inseln, wie Rügen, Fehmarn und auch Usedom, von denen ein Teil zu Polen gehört, auf denen man Urlaub machen kann.

Auch die Küsten am baltischen Meer sind sehr unterschiedlich. Von Flachküsten wie Bodden- und Haffküsten bis Steilküsten wie auf Rügen oder der Halbinsel Wustrow sind all diese an der deutschen Ostsee vertreten.

Die Ostsee ist über den Nord-Ostsee-Kanal mit der Nordsee verbunden und wird auch für zahlreiche Handelswege, Fähren in den Norden oder Kreuzfahrten auf großen Schiffen oder auch Segeljachten genutzt. Auch kleine Ausflugsboote fahren für Touristen interessante Ausflugsziele an.

In kleinen ehemaligen Fischerdörfern finden Sie Ruhe und Entspannung und gehen am Strand, kleinen Häfen und den Promenaden spazieren und in den Großstädten erleben Sie den maritimen Trubel, staunen über riesige Kreuzfahrtschiffe in den vollen Häfen und besichtigen tolle Sehenswürdigkeiten während, nach oder vor einer Shoppingtour.

Orte, die einen Besuch wert sind

An der Ostsee sind die Urlaubs-, Ausflugs- und Besuchsmöglichkeiten schier unendlich. Es gibt belebte Großstädte mit großen Einkaufszentren, Kinos und Häfen, in denen riesige, beeindruckende Schiffe ankern. Kleinere Städte, die mit schöner Architektur bestechen. Und kleine Orte und Gemeinden, die mit malerischen Gassen und traumhaften Promenaden imponieren. Gesäumt von kleinen Souvenirshops, Läden mit heimischen Produkten und Boutiquen direkt am Strand, verzaubern sie die Urlauber.

STÄDTE

Die Städte an der Ostsee haben einiges zu bieten. Nicht nur Shopping und viele Menschen, sondern auch eine spannende Vergangenheit, an die wunderschöne Bauwerke und interessante Museen erinnern. Lassen Sie sich entführen in die Vergangenheit und verzaubern von der Architektur und historischen Schiffen in den großen Häfen.

Rostock

Rostock ist die bevölkerungsreichste und Hanse- und Universitätsstadt von Mecklenburg-Vorpommern. Den Namenszusatz Hansestadt trägt Rostock seit 1990 und im Jahr 2016 wurde auch den Zusatz Universitätsstadt genehmigt. Die Universität Rostock wurde 1419 gegründet. Die Stadt erstreckt sich 16 km auf beiden Seiten der Warnow bis zur Mündung in die Ostsee im Stadtteil Warnemünde. Trotz des Stadtbrands in Jahr 1677 und der Bombardierung Rostocks im Zweiten Weltkrieg hat die Großstadt viele Altbauten, unter denen der Stil der Backsteingotik aus der Hansezeit besonders auffällig ist. Ein Gebäude in diesem Stil ist die Kirche St. Marien. Außerdem sind noch Reste der mittelalterlichen Stadtbefestigung zu finden. Dazu gehören das Steintor, Kuhtor und das Kröpeliner Tor, hinter dem sich die Kröpeliner Straße erstreckt. Diese stellt die Hauptachse der Rostocker Altstadt dar und ist gesäumt von schönen Bürgerhäusern. Sie verläuft bis zum Neuen Markt, an dem das Rathaus steht, welches um 1270 begonnen wurde und von einer Barockfassade aus dem Jahr 1727 geziert wird.

Ende der 1990er-Jahre wurde der „Rostocker Hof" als innerstädtische Einkaufspassage fertiggestellt. Neben guten Shoppingmöglichkeiten und einer verzaubernden Architektur bietet Rostock viele weitere Besichtigungsoptionen. Darunter der Botanische Garten der ehemaligen IGA, die Rostocker Heide mit dem „Gespensterwald" und, sehr spannend für Familien mit Kindern, der Rostocker Zoo, der mit dem „Darwineum" eine besondere Attraktion darstellt. Aber auch bei an der Ostsee nicht unüblichem schlechtem Wetter gibt es in der Hansestadt Alternativen. Dazu gehören das Volkstheater, die zwei Kinos Capitol und CineStar sowie viele Museen, wie die Kunsthalle, das kulturhistorische Museum oder ein Stück entfernt von der Innenstadt das Heimatmuseum Warnemünde. Jährlich finden in Rostock die Hanse Sail und die Festspiele Mecklenburg-Vorpommern, ein Festival für klassische Musik, statt.

Ein besonderer Tipp für Rostock ist, dass am Hafen viele Segelboote liegen. Einige Besitzer unternehmen als Skipper mit ihren Booten Segeltörns für Urlauber, zum Beispiel um die Insel Rügen oder sogar zur Robbeninsel vor Dänemark. So wird der Ostseeurlaub zum Abenteuer, auch für Familien, wenn man auf der Ostsee mit der „fahrenden Ferienwohnung", mit erfahrenem Skipper, fast jeden Tag neue Häfen anfahren kann. Natürlich muss der Wind richtig stehen, aber auch sonst hat man schnell alternative Segelpläne gefunden.

Ebenfalls zu empfehlen ist ein Besuch in Warnemünde. Dieser Ortsteil Rostocks eignet sich bestens für einen Spaziergang durch schöne Gassen zu den Leuchttürmen, die die Mündung in die Ostsee markieren, und anschließend am Strand entlang zum Hotel Neptun mit der legendären Broiler-Bar, um den Hunger zu stillen.

Kiel

Kiel ist die Landeshauptstadt und bevölkerungsreichste Stadt von Schleswig-Holstein. Im 13. Jahrhundert wurde sie gegründet und ist seit 1900 eine Großstadt und damit die nördlichste Deutschlands. Kiel liegt am Ende des Nord-Ostsee-Kanals und besitzt drei

Universitäten, die Christian-Albrechts-Universität, die Fachhochschule und die Muthesius Kunsthochschule. Die Stadt schließt sich hufeisenförmig um die Kieler Förde, einen Naturhafen und wichtigen Seehafen an der Ostsee. Die Kieler Umgebung ist geprägt von Moränenhügeln und im Osten befindet sich die Holsteinische Schweiz. Durch die Nähe zum Meer gibt es in und um Kiel auch einige Strände, die sich perfekt für Spaziergänge und Wanderungen eignen.

Der Dichter Theodor Storm, der in der Stadt studierte, pries die Schönheit Kiels in seinen Texten. Die verwinkelte Enge, die die Stadt charakterisierte, wurde jedoch im Zweiten Weltkrieg zerstört. Der Wiederaufbau wurde im Stil der damaligen Zeit moderner, offener und großzügiger gestaltet. Es fanden mit Überbauung und dem Bau vieler Park-, Büro-, aber auch Kaufhäuser, die für viele Shoppingmöglichkeiten sorgen, massive Eingriffe in das frühere Stadtbild statt. Die Stadt birgt so für Touristen einen spannenden Einblick in die Geschichte Kiels. Im Sommer findet monatlich jeden Sonntag ein Flohmarkt statt, der die Innenstadt belebt und auch für Urlauber einen Besuch wert ist.

Das Kieler Rathaus gilt mit seinem Turm als Wahrzeichen der Stadt, auch wenn dessen Jugendstildach im Jahr 1945 zerstört und nur vereinfacht wieder

aufgebaut wurde. Auch vereinfacht wiederherge-
stellt ist das 1905 bis 1907 von Heinrich Seeling im
Jugendstil erbaute Opernhaus, ehemaliges Stadt-
theater, direkt neben dem Rathaus. Neben zerstör-
ten und wiederaufgebauten Gebäuden findet man
viele bedeutende Denkmäler und Plastiken, wie
den Geisteskämpfer von Ernst Barlach aus dem
Jahr 1928 an der Nikolaikirche. Die Kultur in Kiel
ist auch für Besucher interessant. Neben dem Theater Kiel und der Niederdeutschen Bühne Kiel, wo
Konzerte stattfinden, gibt es jährlich das Schleswig-Holstein Musik Festival. Nicht zu vergessen
ist die jährliche Kieler Woche, eine international
bekannte Segelregatta, bei der historische Segelboote aus der ganzen Welt bewundert werden
können. Anlässlich dieser Woche finden zu der
Zeit viele Konzerte internationaler Stars in der
Sparkassen Arena, ehemalige Ostseehalle, statt.
Zudem bietet auch Kiel mit Kinos und Museen Optionen für schlechtes Wetter. Dazu gehören die
botanischen Gärten, Kunstausstellungen, das Me-
dizin- und Pharmazie-historische Museum und als
besondere Attraktion das Schifffahrtsmuseum mit
Museumshafen. Ebenfalls einen Besuch wert ist
der Germaniahafen, in dem historische

Segelschiffe liegen. Und sollte man Kiel besuchen und Hunger bekommen, kann man die kulinarische Spezialität „Kieler Sprotten" probieren, jungen, geräucherten Hering.

Lübeck

Lübeck ist eine weitere Hansestadt an der Ostsee und die zweitgrößte Stadt in Schleswig-Holstein nach Kiel. Sie liegt in der norddeutschen Tiefebene an der unteren Trave, die nach 17 km im Stadtteil Travemünde in die Ostsee mündet. Die Hansestadt besticht durch viele erhaltene Teile der Altstadt mit über tausend Kulturdenkmalen, wodurch sie seit 1987 ein Teil des UNESCO-Weltkulturerbes ist. Lübeck wird auch als „Stadt der sieben Türme" bezeichnet, wegen der sieben Kirchtürme, die das Stadtbild prägen. Die Türme gehören zur St. Jakobi Kirche, der Marienkirche, die gotisch erbaut wurde und als „Mutterkirche" und eines der Hauptwerke der Backsteingotik gilt. Des Weiteren zählen die Türme der Petrikirche, der Aegidien-Kirche und des romanisch erbauten Doms zu Lübeck dazu. Sechs der Türme können vom siebenten Turm, dem der Petrikirche aus, besichtigt werden.

Neben den Türmen ist aber das Holstentor das wohl bekannteste Bauwerk in der Stadt und es gibt zahlreiche weitere Sakralbauten, die die Lübecker Geschichte widerspiegeln. In der Hansestadt befindet sich auch das im Jugendstil erbaute Theater Lübeck, das vor allem mit Operndarbietungen lockt. Kinos, Museen, wie zum Beispiel das Museum Holstentor, der Museumshafen Lübeck, das Museum für Natur und Umwelt und das Buddenbrook-Haus in der Mengstraße, benannt nach Thomas Manns Roman „Buddenbrooks" sind sehenswert, besonders bei schlechtem Wetter. Kulinarische Spezialitäten sind der Lübecker Marzipan, der bei „Niederegger" und „Erasmi & Carstens" hergestellt wird und der sogenannte Plettenpudding, der auch in Manns Roman Erwähnung findet. Etwas außerhalb der Innenstadt befindet sich das für Besucher sehr attraktive Seebad Travemünde, viele Wasser- und Grünflächen und Wälder, die sich für Wanderungen eigenen und auch für Kanutouren sehr beliebt sind.

Greifswald

Greifswald ist eine Universitäts- und Hansestadt am Fluss Ryck im Greifswalder Bodden und gehört zum Bundesland Mecklenburg-Vorpommern. Die Stadt liegt zwischen den Inseln Rügen und Usedom und zu ihr gehören die Inseln Koos und Riems. Das Gebiet um Greifwald ist flach. Die Hansestadt charakterisierte sich um die Jahrhundertwende zum 20. Jahrhundert durch neue, großzügig bebaute Straßen, die das wohlhabende Bürgertum bewohnte. Der Zweite Weltkrieg wurde ohne Zerstörungen überstanden, jedoch wurde in der DDR die Restaurierung der Bausubstanz der historisch wertvollen Altstadt vernachlässigt und es wurden viele Gebäude abgerissen und durch Plattenbauten ersetzt. Diese Plattenbausiedlungen wurden ab dem Jahr 2000 zurück gebaut. Seit 1991 wurde mit der Sanierung des historischen Stadtkerns die Altstadt wieder sehenswert.

Sollten Sie Greifswald besuchen, ist vor allem die Architektur interessant, da sie nahezu alle Epochen umfasst, natürlich auch die für die Ostsee übliche Backsteingotik. Beispiele sind das gotisch-barocke Rathaus auf dem einzigartigen Marktplatz der Stadt, drei gotische Backsteinkirchen und besonders interessant die Universität Greifswald, bei der die Stile aufeinandertreffen. Sie besitzt ein barockes Hauptgebäude und die Universitätsbibliothek aus dem Jahr 1882 wurde nach Plänen von Martin Gropius erbaut. Greifswald bietet außerdem ein breites Kulturangebot für Besucher. Wichtig sind das Theater Vorpommern, die

Stadthalle Greifswald und das Pommersche Landesmuseum, in dem unter anderem Bilder des in Greifswald geborenen Malers Caspar David Friedrich ausgestellt werden. Außerdem steht an der Stelle seines Geburtshauses das Caspar-David-Friedrich-Zentrum, das sich ausschließlich dem Leben und Werk des Künstlers widmet.

Die Hansestadt besitzt auch einen Museumshafen, in dem Sie historische Schiffe bewundern können. Jährlich findet das Kulturfestival „Nordischer Klang" und das deutsch-polnische Festival „polenmARkT" statt. Greifswald bietet aber auch zahlreiche Attraktionen an der frischen Luft, beispielsweise im Botanischen Garten, dem Tierpark Greifswald und dem Naturschutzgebiet Eldena. Die seewärtigen Stadtteile Eldena und Wieck entstanden aus früheren Fischerdörfern und vermitteln mit ihrem maritimen Charakter das Ostseetypische Flair. Außerdem gilt Greifswald als Fahrradhauptstadt Deutschlands und hat Anschluss an Fernradwege, wie den Ostseeküstenradweg. Wie wäre es, vielleicht die Ostsee von Greifswald aus mit dem Rad zu erkunden?

Stralsund

Stralsund ist seit 1990 auch eine Hansestadt an der deutschen Ostseeküste. Gelegen am Strelasund, einer Meerenge zwischen dem Festland und der Insel Rügen, wird die Stadt auch als „Tor zur Insel Rügen" bezeichnet. Nach dem Ersten Weltkrieg gab es in der Stadt einige Unruhen, die aber mit der Gründung einer bürgerlichen Stadtregierung 1919 beseitigt wurden. 1933 wurde die Regierung von den Nationalsozialisten aufgelöst und 1939 wurden aus der Landesheilanstalt Stralsund fast 1300 Patienten deportiert und Opfer von Krankenmorden. Nach dem Kriegsende 1945 wurde auch Stralsund ein Teil der sowjetischen Besatzungszone und anschließend Teil der DDR. In dieser Zeit wurden in der Stadt zahlreiche Plattenbausiedlungen errichtet. Seit 1990 war Stralsund Modellstadt für die Städtebauförderung, womit der historische Stadtkern saniert und somit für Besucher attraktiv gemacht wurde. Im Jahr 2002 bekam die Stadt zusammen mit Wismar das UNESCO-Weltkulturerbe zugesprochen, unter dem Namen „Historische Altstädte Stralsund und Wismar", was heute viele Touristen anlockt. Von der Stadtbefestigung sind in der Hansestadt das Kniepertor und das Kütertor erhalten. Durch die zahlreichen Sanierungen hat Stralsund einen Reichtum an historischer Bausubstanz zu bieten. Besonders der Alte Markt bietet einen Überblick über die architektonische Geschichte und zieht Besucher an. Dort findet man die Nikolaikirche aus dem 13./14. Jahrhundert mit einer astronomischen Uhr von 1394, das Stralsunder Rathaus, den Artushof, das Wulflamhaus, das Commandantenhus, das Gewerkschaftshaus und einen neueren Plattenbau. Auch hier findet man die typische Backsteingotik.

Besteigt man den Turm der Marienkirche aus dem 14./15. Jahrhundert mit seinen 349 Stufen, hat man einen schönen Ausblick über die ganze Stadt. Ganz idyllisch wirken die Fachwerkhäuser am Johanniskloster. Im ehemaligen Katharinenkloster, 13./14. Jahrhundert, befinden sich heute das kulturhistorische Museum und das sehr beliebte und gut besuchte Meeresmuseum. In der Stadt gibt es durch die geschichtliche Entwicklung wenige Grünflächen, aber es befinden sich drei Teiche im Stadtgebiet, Friedhöfe werden auch als Parks genutzt und im Stadtwald befindet sich ein Zoo, der sich gut für Familien mit Kindern eignet. In der Kulturkirche St. Jakobi werden von Frühjahr bis Herbst Werke des Künstlers Friedensreich Hundertwasser ausgestellt. Auch kulinarisch hat

Stralsund eine spannende Geschichte zu bieten. Der Fischhändler Johann Wiechmann soll einen sauer eingelegten Hering aus Stralsund 1871 zu Bismarcks Geburtstag an diesen gesandt haben. Bismarck soll daraufhin das Privileg gegeben haben, diesen eingelegten Fisch Bismarckhering zu nennen. Jedoch ist das Beweisschreiben beim Bombenangriff auf Stralsund im Jahr 1944 angeblich vernichtet worden. Seit 2001 bietet der Fischhändler Henry Rasmus in seinem Restaurant den originalen Bismarckhering wieder an. Schauen Sie doch mal vorbei und besuchen Sie anschließend den Biergarten der Störtebeker Braumanufaktur, um eines der Biere zu probieren.

Wismar

Wismar liegt am südlichen Ende der Insel Poel in der Wismarer Bucht. Im Stadtgebiet gibt es mehrere kleine und zwei große stehende Gewässer, die an die frühere Stadtbefestigung erinnern. Nach dem Dreißigjährigen Krieg stand die Stadt unter schwedischer Herrschaft. Daran erinnert das jährlich stattfindende Schwedenfestival. Im Zweiten Weltkrieg wurde Wismar durch zwölf Luftangriffe schwer beschädigt, darunter historische Gebäude wie die Kirche St. Georgen, die Marienkirche und das umliegende gotische Viertel. In der

DDR wurden, wie in den anderen Küstenstädten, keine Sanierungen vorgenommen und die Ruine der Marienkirche wurde sogar gesprengt. Seit der Wiedervereinigung im Jahr 1990 wurde im Rahmen der Städtebauförderung der historische Stadtkern saniert und Wismar wurde 2002 mit Stralsund das UNESCO-Weltkulturerbe verliehen. Besonders sehenswert ist der große Marktplatz, auf dem das Wahrzeichen der Stadt im Renaissancestil aus dem Jahr 1602, die „Wismarer Wasserkunst", zu finden ist. Ebenfalls steht dort das Rathaus, erbaut zwischen 1817 und 1819, in dessen Kellergewölbe sich eine Ausstellung mit Exponaten zur Stadtgeschichte befindet und ein backsteingotisches Bürgerhaus, in dem sich das Restaurant „Alter Schwede" befindet. Neben dem schon vielfältigen Marktplatz finden Sie viele sanierte Straßenzüge mit mittelalterlichen bis klassizistischen Giebelhäusern, den Fürstenhof im Stil der Backsteinrenaissance, das stadtgeschichtliche Museum Wismar und die drei gotischen Hauptkirchen. Die Nikolaikirche ist komplett erhalten, die zerstörte Kirche wurde wiederaufgebaut und von der gesprengten Ruine der Marienkirche ist der Turm übrig.

Sollten Sie sich noch mehr für die kulturhistorische Bedeutung und das wertvolle Stadtbild interessieren, sind das „Wassertor", das letzte von fünf ursprünglichen Stadttoren, das Dielenhaus, der Alte Wasserturm und der neogotische Backsteinturm von 1897, „Wasserturm am Turmplatz", sehenswert. In der Nähe finden Sie außerdem ein weiteres Wahrzeichen der Stadt, die zwei Repliken der Schwedenköpfe. Außerhalb der historischen Altstadt finden Sie das Ensemble der Landesgartenschau 2002 mit einem Aussichtsturm, einem Tierpark und dem technischen Landesmuseum. In Wismar finden jährlich einige Veranstaltungen statt, die auch für Touristen interessant sind. Dazu gehören die Festspiele Mecklenburg-Vorpommern, für die Wismar eine der Spielstätten ist, das internationale Folklore Festival Wismar im Juli und der CampusOpenAir Wismar Ende September, bei dem viele deutsche Bands auftreten. Außerdem hat die Stadt einen Anschluss an regionale und internationale Radwanderwege, wie den „Ostseeküsten-Radweg", der innerhalb des EuroVelo-Netzwerkes die Ostsee umrundet.

INSELN, ORTE, GEMEINDEN

Acht deutsche Ostseeinseln und -halbinsel, Fehmarn, Poel, Wustrow, Darß, Hiddensee, Ummanz, Rügen,

Vilm und Usedom. Von Westen nach Osten stelle ich Ihnen die Inseln mit ihren Vorzügen, Orten und Gemeinden und beliebte Ostseebäder auf dem Festland vor und was Sie dort gesehen und getan haben müssen.

Großenbrode

Das Ostseeheilbad Großenbrode ist eine Gemeinde im Kreis Ostholstein im Bundesland Schleswig-Holstein am Fehmarnsund. Beim Segeln, Surfen, Skaten, Radfahren, Angeln, Wandern und Laufen können Sie den Ort und die Umgebung erkunden und erleben. Sehenswert in der Großenbroder Umgebung sind die Fehmarnsundbrücke, die das Festland mit der Ostseeinsel Fehmarn verbindet, die Küste bei Heiligenhafen oder die Stadt Lübeck. Außerdem finden Sie zahlreiche Ausflugsziele, wie das Meereszentrum Fehmarn, die Schmetterlingswelt Fehmarn, den Leuchtturm Flügge und die Galileo Wissenswelt auf der nahegelegenen Insel. Im Ostseeheilbad Großenbrode kommen Sie in Hotels, Ferienwohnungen, mit dem Wohnmobil auf Stellplätzen oder auf Campingplätzen unter.

Fehmarn

Fehmarn, mit ihren 2200 Sonnenstunden im Jahr auch zu Recht die „Sonneninsel" genannt, ist die einzige schleswig-holsteinische Ostseeinsel, die 2003 durch eine Fusion aller auf der Insel liegenden Gemeinden und Dörfer zur Stadt wurde. Nach Rügen und Usedom ist Fehmarn die drittgrößte deutsche Insel und seit 1963 über die Fehmarnsundbrücke an das Festland angeschlossen. Eine 19 Kilometer lange Fährstrecke verbindet den Ort Puttgarden mit dem dänischen Ort Rödby.

Die Sonneninsel hat für Urlauber einiges zu bieten. Neben unzähligen Stränden, einer wunderschönen Altstadt, 17 Surfspots, Naturschutzgebieten und vielen Freizeitangeboten gibt es auch 300 Kilometer Radweg, die an der Küste und auf den Deichen von vielen Besuchern befahren werden.

Fehmarn besitzt einen 78 Kilometer langen Küstenstreifen, an dem Sie Steilküsten bei Wulfen und Katharinendorf, Binnenseen, Sand- und Naturstrände und für Hundebesitzer 4 Hundestrände in Bojendorf, Meeschendorf und am Grünen Brink finden. An den Stränden wird gesurft, geschwommen und entspannt. Ihre Aktivitäten werden in den Sommermonaten an den Stränden Altenteil, Bojendorf/Wallnau, Burgtiefe, Meeschendorf, Grüner Brink und Wulfen von der DLRG überwacht und gesichert.

Neben wunderschönen Stränden bietet die Insel viele Sehenswürdigkeiten, allen voran das

Inselwahrzeichen, die Fehmarnsundbrücke, liebevoll „der Kleiderbügel" genannt. Sie ist die Verbindung zum Festland und auf ihr befinden sich eine einspurige Eisenbahnstrecke, von Großenbrode nach Puttgarden, und die Bundesstraße 207. Ebenfalls sehenswert sind die Leuchttürme. Darunter der Flügger Leuchtturm, der von April bis Oktober der einzig begehbare der Insel ist. Parken am Leuchtturm ist nicht direkt möglich und es muss ein Fußweg von ungefähr 2 Kilometern eingeplant werden. Weitere Leuchttürme sind der Leuchtturm Staberhuk, Leuchtturm Westermarkelsdorf, Leuchtturm Strukkamphuk, der kleinste der Insel, und der Leuchtturm Marienleuchte, der nach der dänischen Königin Marie Sophie Frederikke benannt wurde, die am 28. Oktober 1832 bei dessen Eröffnung persönlich anwesend war. Im Fährhafen Puttgarden starten Fähren der Scandlines im 30-Minuten-Takt zur 45-minütigen Überfahrt nach Dänemark, perfekt für einen Tagesausflug.

Auch Museen hat die Sonneninsel zu bieten, wie das U-Boot-Museum U11, das Museum Übersee, ein Kunst-, Kultur- und Völkerforum, das Fehmarnmuseum und die Ernst-Ludwig Kirchner Dokumentation über den deutschen

Expressionisten des 20. Jahrhunderts, von dem ein Zehntel seines Lebenswerks im Sommer auf der Insel entstand, zum Beispiel 120 Ölbilder. Neben Kirchner ließ sich auch Lyonel Feininger bei einem Besuch auf der Insel inspirieren. Anlässlich dieser Ereignisse finden von Mai bis Juli die Fehmarner Kunsttage statt, die Veranstaltungen rund um Kunst, Literatur und Musik bieten. Außergewöhnliche Sehenswürdigkeiten wie die Jimi-Hendrix-Gedenkstätte, ein XXL Feldsofa und der 2020 fertig gestellte „Walk of Fehm", eine Erlebnispromenade am Jachthafen Burgtiefe, sind unbedingt einen Besuch wert. Auf der Insel können Sie ebenfalls wie auf dem Festland zahlreiche Kirchen bewundern, beispielsweise die St. Johannis-Kirche, die St. Petri-Kirche und viele mehr und natürlich die tolle Altstadt der Hauptstadt und Mittelpunkt der Insel: Burg.

Freizeittipps für einen erlebnisreichen Aufenthalt sind der Spielplatz am Jachthafen Burgtiefe, Reiten bei Rauer, Tennisplätze, 4to40Knots Kiteschule Fehmarn und das Drachenfestival im Oktober am Südstrand. Für Wanderungen sind die Naturschutzgebiete bestens geeignet. Im NABU Wasservogelreservat Wallnau können Sie Vögel beobachten, den zehn Meter hohen Aussichtsturm besteigen, Führungen machen und die Ausstellung besuchen. Die anderen Naturschutzgebiete sind das Naturschutzgebiet grüner Brink, Krummsteert/Sulsdorfer Wieck und die nördliche Seeniederung mit einer Aussichtsplattform.

Um den Urlaub auf Fehmarn komplett zu machen, finden Sie auch der Insel zahlreiche Ferienwohnungen oder sogar ganze Häuser für die Familie. Sollten Sie lieber campen, gibt es auf der Sonneninsel 17 Campingplätze, die immer direkt am Meer liegen, darunter große Plätze mit Freizeitangeboten, aber auch kleinere, familiäre. Auf der ganzen Insel finden Sie 20 Stellplätze für Wohnmobile und sollten Sie doch Lust auf ein eigenes Bad und eine voll ausgestattete Küche auf dem Campingplatz haben, werden auch Mobilheime vermietet.

Poel

Die Insel Poel liegt in der Wismarer Bucht und gehört zum Bundesland Mecklenburg-Vorpommern. Die Gemeinde umfasst die Insel und die nordöstliche Insel Langenwerder und trägt seit 2004 den Titel Ostseebad.

Die Sehenswürdigkeiten auf Poel zeugen von einer spannenden Vergangenheit. Sie finden alte Gutshäuser, die Schlosswallanlage, Leuchttürme, Museen und die Inselkirche. Die Gedenkstätte Cap

Arkona, erinnert an den gleichnamigen Luxusdampfer, der am dritten Mai 1945 durch die Briten mit 4600 KZ-Häftlingen an Bord versenkt wurde. Im Inselmuseum finden Sie eine ständige Sonderausstellung zu dem Unglück. Das Inselmuseum, eine ehemalige Dorfschule, wurde 1975 erstmals mit einer Ausstellung zur Natur- und Heimatkunde von Poel eröffnet, dazu kamen später die ständige Ausstellung zum Maler Karl Christian Klasen und wechselnde Sonder- und Kunstausstellungen. Im Außenbereich des Museums im Möwenweg finden Sie den Poeler Findlingsgarten. Die Inselkirche ist eine Backsteinkirche im romanisch-gotischen Stil, aus dem 13. Jahrhundert, mit einem 47 Meter hohen Turm. In der Kirche finden neben Gebeten auch Führungen und Konzerte statt. Im 15. Jahrhundert wurde der Bau erweitert, um die Festung zu umschließen. Das alte Schloss wurde jedoch 1632 zerstört und die übrig gebliebenen Trutzmauern bilden die Poeler Freilichtbühne „Schlosswall". Auf der Insel Poel befinden sich zwei Leuchttürme. Der Timmendorfer Leuchtturm wurde 1871 in Betrieb genommen, hat heute eine Höhe von 21 Metern und ist bedeutsam für den zunehmenden Schiffsverkehr.

Auch die Poeler Häfen sind ein Tipp für Besucher, besonders für Bootsfahrer, da es in den Häfen von

Timmendorf, Kirchdorf und Niendorf viele Gast-
liegeplätze für Segel- und Motorboote gibt. Wer
sich lieber Natur und Pflanzen anschaut, besucht
den Schaugarten der Hochschule Wismar mit vielen nachwachsenden Rohstoffen und unterschied-
lichen interessanten Pflanzenarten oder nimmt an
einer organisierten Führung, außerhalb der Brut-
zeit von Juli bis Oktober, mit einem Ornithologen
teil. Die Führungen sind auf 15 Personen be-
schränkt und finden durch Anmeldung bei der
Kurverwaltung statt.

Ein Freizeitangebot auf Poel ist das Angeln vom Ufer
oder Damm aus oder sogar Angelfahrten mit dem Kut-
ter. Dafür werden ein Bundesfischereischein und eine
Angelerlaubnis für das betreffende Gewässer benötigt.
Besucher können einen Touristenfischereischein für
24 € für 28 Tage erwerben. Die Angelerlaubnis kostet
6 € pro Tag, 12 € pro Woche oder 30 € pro Jahr. Kinder
unter 13 angeln ohne Schein, aber benötigen eine Angelerlaubnis für 10 € pro Jahr. Diese Unterlagen können bei der Kurverwaltung erworben werden. Bei
schlechtem Wetter bietet sich besonders für Familien
mit Kindern ein Besuch im Wonnemar Wismar, einem
Erlebnisbad mit Spa, Sauna, Fitness und Gastronomie-
bereich, dem Indoorspielplatz oder der Inselbibliothek

an. Weitere Freizeitangebote sind Reiten am Strand, Rundflüge, Schiffsfahrten und Sportangebote, wie Volleyball, Laufen, Inlineskaten und Spielplätze an den drei Hauptstränden. Fahrräder können in Gollwitz, Timmendorf, Kaltenhof und ‚Am Schwarzen Busch‘ ausgeliehen werden und Kartenmaterial für Touren und Restaurants erhalten Sie in der Kurverwaltung in Kirchdorf. Am Timmendorfer Strand finden Surf- und Kitekurse sowie Katamaransegeln statt und es gibt einen Tretbootverleih. Für kreative Besucher der Insel finden sich an den Stränden, Leuchttürmen und den Orten viele Motive zum Zeichnen, Malen und Fotografieren.

Die Insel Poel hat drei Hauptstrände. Der Timmendorfer Strand lockt mit vielen umliegenden Restaurants und Freizeitangeboten. In der Hauptsaison wird er von Rettungsschwimmern überwacht und es werden Strandkörbe vermietet. Der Strand ‚Am Schwarzen Busch‘ hat eine Promenade mit Spielgeräten, Minigolfanlage, kleinen Läden und Restaurants. Der Gollwitzer Strand ist ein Geheimtipp für Naturliebhaber. Durch die Nähe zur Insel Langenwerder können auch dort seltene Vögel beobachtet werden, es gibt einen Abenteuerspielplatz, ein Volleyballnetz und eine 100 m von Strand entfernte Sandbank im Wasser.

An diesen drei Hauptstränden gibt es ausgeschildert Hundestrände, an denen von Mai bis September eine Leinenpflicht herrscht. Für FKK-Liebhaber gibt es auf der Insel Poel den Strand ‚Hinter Wangern‘.

Auf Poel kommen Sie in Hotels, Pensionen, Ferienwohnungen oder sogar Ferienhäusern unter. Im Westen der Insel befindet sich der Campingplatz Leuchtturm.

Rerik

Rerik ist ein malerisches Ostseebad in Mecklenburg-Vorpommern, das der Halbinsel Wustrow vorgelagert ist. Die Verbindung zum Festland ist eine nur 50 Meter breite Landzunge, sie trennt das Salzhaff von der Ostsee.

Sehenswert in Rerik sind besonders die Steilküste der Halbinsel und der Strand. Diese sind ideal zum Surfen-Lernen und Angeln. Von der 170 Meter langen Seebrücke hat man einen schönen Blick auf Wustrow und die Küste. Der Haffplatz ist im Sommer sehr belebt, es gehen viele Menschen an der Promenade spazieren und in der Eisdiele gibt es sehr leckeres Schokoladeneis. In den Restaurants und Geschäften findet man kulinarische und kulturelle Spezialitäten. Direkt am Haffplatz liegt der Hafen mit vielen Gastliegeplätzen. In der Nähe des Hafens findet man Ausflugsschiffe, die zur „verbotenen" Halbinsel fahren, und den Kurpark mit einem Spielplatz. Im Ortsinneren steht die frühgotische Kirche St. Johannes, die zwischen 1250 und 1270 erbaut wurde. Im Inneren ist sie begehbar und beherbergt eine Sonderausstellung. Der Schmiedeberg auf der Landzunge dient als Aussichtspunkt, um den Blick schweifen zu lassen. Und das Heimatmuseum informiert über die Geschichte des Ortes und stellt wechselnd Werke von Künstlern der Region aus.

Der Strand und das Salzhaff wird von vielen Besuchern zum Baden genutzt. Westlich der Seebrücke am Abgang „Wustrower Hals" und östlich am Abgang „Liebesschlucht" befinden sich die Hundestrände. Aber nicht nur Baden lockt die Besucher, sondern auch Segeln, Surfen, Angeln und Stand-up-Paddling sind beliebte Aktivitäten. In der Kurverwaltung erhalten Sie Kartenmaterial und Informationen zu Wanderungen und Radtouren in und um Rerik, Fahrräder können im Ort ausgeliehen werden.

In Rerik finden Sie Unterkünfte für jeden Geldbeutel in Form von Ferienwohnungen, Häusern und vielem mehr.

Kühlungsborn

Kühlungsborn ist gleichermaßen Stadt und Ostseebad in Mecklenburg-Vorpommern. Mit dem blauen Meer, feinen Sandstrand, der von der DLRG überwacht wird und über Hundestrandabschnitte verfügt, guten Restaurants, tollen Hotels und Ferienwohnungen und vielen Geschäften an der Promenade ist der Ort das perfekte Ziel zu zweit oder mit Kindern. An der längsten Strandpromenade Deutschlands können Sie zur Seebrücke, vorbei an historischen Gebäuden im Stil der typischen Bäderarchitektur und anschließend zum romantischen Bootshafen mit 400 Stellplätzen spazieren. In der Kühlungsborner Kunsthalle finden jährlich zwischen sieben und acht Ausstellungen statt, in denen manchmal auch Originale bekannter Künstler, wie Picasso, Dali und Chagall, ausgestellt werden. Jährlich finden im Ostseebad die viertägigen Pianotage statt und am Strand gibt es ein Strandkorbkino. Sie können auch beim Radfahren, Joggen, Wandern, Beachvolleyball, Wind- und Kitesurfen und Stand-up-Paddling sportlich aktiv werden. Ebenfalls bietet der Reiterhof Böldt Reitstunden an, man kann im Ort Schnuppertauchkurse buchen oder spielt auf dem Golfplatz Wittenbeck eine Runde Golf.

Heiligendamm

Heiligendamm liegt neben Kühlungsborn in Mecklenburg-Vorpommern in der Mecklenburger Bucht. Das Seeheilbad wurde bereits 1793 gegründet und ist damit der älteste Seebadeort Deutschlands und Kontinentaleuropas. Sehenswert ist hier das 1817 als Gesellschafts-, Empfangs-, Tanz- und Speisehaus eingeweihte Grand Hotel Heiligendamm Ensemble im Renaissancestil, das seit 2003 ein Hotel ist. Außerdem können Sie einen Spaziergang am Strand und auf der 200 Meter langen Seebrücke unternehmen oder Sie fahren mit der Bäderbahn Molli, der ältesten Schmalspurbahn an der Ostseeküste aus dem Jahr 1886, die von Bad Doberan nach Heiligendamm und Kühlungsborn fährt. Auch hier können Besucher reiten, golfen, Rad fahren, baden und wandern, um aktiv zu sein. Unterkünfte finden Sie in Hotels, Ferienwohnungen und -häusern, Zimmern und auf Campingplätzen.

Wustrow – Fischland

Das Ostseebad Wustrow ist eine aus ehemaligen Fischer- und Seefahrerdörfern hervorgegangene Gemeinde, die zum Bundesland Mecklenburg-Vorpommern gehört. Die Halbinsel Fischland liegt zwischen der Ostsee und dem Saaler Bodden, bei Permin liegt die schmalste Stelle mit nur 100 m Breite.

Eine Sehenswürdigkeit in Wustrow ist, allen voran, die Seebrücke von 1886, die damals eine Länge von 50 Metern hatte. Im Lauf der Zeit wurde sie auf 240 Meter verlängert und man hat einen Ausblick von der Steilküste der Halbinsel bis nach Warnemünde. Des Weiteren ist die Fischländer Kirche sehenswert. Die im neugotischen Stil erbaute Kirche aus dem Jahr 1896 hat einen kreuzförmigen Grundriss und besitzt ein besonders altes Inventarstück aus dem Mittelalter, eine gotische Tauffünte aus französischem Kalkstein. Zudem ist der Kirchturm begehbar und bietet einen Ausblick über das Fischland. Von Mai bis Oktober ist wenige Meter vom Strand entfernt das Zeltkino, welches Filme aller Genres spielt.

In Wustrow finden jährlich viele Feste und Veranstaltungen statt, darunter zum Beispiel das Seebrückenfest, die Zeesbootregatta und die Maritime Woche. Für kunstinteressierte Gäste bietet Wustrow einen Kulturpfad zur Lebens- und Kulturgeschichte des Ostseebades, die Kunstscheune Barnstorf und das Fischlandhaus, ein unter Denkmalschutz stehendes Hochdielenhaus mit einer Bibliothek und Ausstellungen, die in Kooperation mit dem Kunstmuseum Ahrenshoop stattfinden.

Das Fischlandhaus ist zudem Veranstaltungsort für Konzerte und Lesungen.

Für aktive und sportbegeisterte Besucher bietet die Gemeinde einige Angebote. Am sechs Kilometer langen und 30 Meter breiten feinen Sandstrand können Sie schwimmen. Links und rechts der Seebrücke befindet sich ein Strandkorbverleih, in den Sommermonaten wird der Strand von der DLRG überwacht und es gibt FKK-Abschnitte. Auf Fischland gibt es ein gut ausgebautes Radwegenetz, das mit dem Ostseeküsten-Radweg und der Fischland-Darß-Route zusammenhängt. Haben Sie Lust auf Wassersport? Dann hilft Ihnen der Kajakverleih Gottschalk, wenn es ums Paddeln, und das Surfcenter Wustrow, wenn es um Windsurfen, Wellenreiten, Kitesurfen und Stand-up-Paddling geht. Außerdem können Sie auf dem Fischland angeln, reiten, Tennis oder Golf spielen, wandern und den Nordic-Walking-Park nutzen.

In Wustrow kommen Sie in Hotels, Pensionen und privat vermieteten Unterkünften unter. Bei der Vermittlung von Ferienwohnungen oder Zimmern über Privatanbieter hilft Ihnen die Kurverwaltung weiter.

Darß

Der Darß ist der mittlere Teil der Halbinsel Fischland-Darß-Zingst an der südlichen Ostseeküste in Mecklenburg-Vorpommern. Er liegt zwischen der Ostsee im Norden und dem Saaler und Bodstedter Bodden im Süden. Zum Darß gehören die Dörfer Born am Darß, Prerow und Wieck und ein Teil Ahrenshoops. Der größte Teil des Darß ist vom 5800 ha großen Darßwald bedeckt.

Zu den Sehenswürdigkeiten auf dem Darß oder in der Nähe gehören Museen, wie das Kunstmuseum Ahrenshoop, das die Geschichte der Künstlerkolonie und die künstlerische Entwicklung an der Ostsee thematisiert, oder das deutsche Bernsteinmuseum auf dem Festland in Ribnitz-Damgarten, das 1600 Exponate umfasst und so die größte Bernsteinausstellung Europas ist. In Prerow befindet sich die Seemannskirche, die 1726 bis 1728 in der sogenannten Schwedenzeit erbaut wurde, und eine Backsteinkirche mit einem Holzturm aus dem Jahr 1727. Wer sich für Kunst interessiert, ist im Max Hünten Haus, in der Galerie Ribnitzer Kloster auf dem Festland und auf dem Olympus FotoKunstPfad richtig. Jährlich finden die Darß Festspiele, das Darßer Naturfilmfestival und das Umweltfotofestival „horizonte zingst" statt.

Am Strand findet man Strandkörbe, die vermietet werden, und auch Hundestrandabschnitte. Außerdem gibt es auf dem Darß ein ausgebautes Radwegnetz. Auf ausgeschilderten asphaltierten Deichradwegen oder Nationalparksandwegen können Sie die Halbinsel erkunden, andere Orte und Städte besuchen und Sehenswürdigkeiten anfahren. Zudem können Sie Touren wie die Darßtour rund um den Bodden oder im Recknitztal fahren. Einen Fahrradverleih finden Sie in Prerow und Ahrenshoop. Der Darß bietet auch Wanderwege, darunter kleine, kurze Wanderungen oder die Darßer Sterntour für Einsteiger, mit einer Länge von 50 Kilometern und Dauer von ungefähr drei Tagen. Weitere mögliche Aktivitäten sind Schiffsfahrten, Reiten, Wassersport, wie Kiten, Wakeboard, aber auch Yoga, Zumba und Angeln am Strand. Empfehlenswert sind ebenfalls ein Ausflug zur „Vorpommerschen Boddenlandschaft", Spazierpfade in Wieck, der Postkartenpfad und „die Darßer Haustüren". Mit Hunden können Sie die Hundestrände, zwei Freilaufflächen und den Hundewald nutzen.

Unterkünfte finden Sie auf der Halbinsel in Hotels und Pensionen, Ferienwohnungen und Ferienhäusern, Jugendherbergen und Gasthöfen, Campingplätzen oder über Zimmervermittlung. Auf dem Festland können Sie sogar in Schlössern und Gutshäusern übernachten.

Zingst

Das Ostseeheilbad Zingst ist der letzte Teil der Halbinsel Fischland-Darß-Zingst und trägt seit 2002 den Titel Seeheilbad. Es liegt zwischen dem Barther Bodden und der Ostsee.

Von Zingst aus können Sie die Sundischen Wiesen im Naturschutzgebiet „Vorpommersche Boddenlandschaft" und die Aussichtsplattform „Hohe Düne" in Pramort besuchen. Auf der Halbinsel sind die Flaniermeile Sandstraße zum Einkaufen, Spazieren und Bummeln, das Experimentarium, ein Erlebnismuseum für die ganze Familie, das Kurhaus Zingst, in dem Veranstaltungen stattfinden, und seit 1987 im Denkmal geschützten Kapitänshaus von 1867 das Heimatmuseum Zingst zu entdecken. Auf der Klosterstraße, parallel zur Strandstraße, finden Sie ‚Eiscafé und Pizzeria Tiziano', bei dem es riesige Kugeln Eis gibt. Wenn Sie die Strandstraße bis zum Ende laufen, erreichen Sie die 170 Meter lange und 2,5 Meter breite Seebrücke, die im Mai 1933 eingeweiht wurde.

Auch für Freizeit- und Sportaktivitäten hat Zingst einiges zu bieten. Auf Wander- und Radwegen kann man die Insel, das Naturschutzgebiet und vieles mehr erkunden. Es finden Fahrgastschiffsfahrten statt, die in den Häfen Zingst und Prerow starten, unter anderem auch mit Zeesbooten entlang der Halbinsel Fischland-Darß-Zingst. Am 15 Kilometer langen Strand können Sie baden, angeln, Wassersportarten betreiben und auch in gekennzeichneten Abschnitten mit Hunden Zeit am Strand verbringen. Im Martha-Müller-Grählert-Park kann an 17 Sportgeräten an der frischen Luft Sport getrieben werden und im Wellness- und Fitnesszentrum „Freesen-Lounge" können Sie sich entspannen.

In Zingst finden Sie zahlreiche Hotels, Pensionen, Ferienwohnungen und -häuser, Zimmervermittlung und den Campingplatz „Am Fresenbruch". Es ist für jedes Budget etwas dabei.

Hiddensee

Die Insel Hiddensee ist 18,6 km² groß und die Gemeinde umfasst noch weitere östlich vorgelagerte Inseln. Es gibt vier Ortsteile auf Hiddensee, darunter ist Vitte das Zentrum und der größte Ortsteil. In Vitte liegen der Sitz der Inselverwaltung, das Rathaus, die

Schule, der Kindergarten, eine Arztpraxis und eine Sparkassenfiliale mit Bankautomaten. In der Nähe des Sandstrandes sind kleine Läden und einige Gaststätten. Neuendorf ist der südlichste Ortsteil Hiddensees und ist zusammen mit dem viel älteren, aber kleineren Dorf Plogshagen ein Doppeldorf mit einer langen Fischereigeschichte. Kloster ist das kulturelle Zentrum, dort befinden sich Museen und die Inselkirche. Grieben ist der nördlichste, kleinste und älteste Ortsteil, in dem es ruhig und abgelegen ist.

Kulturell hat die Insel trotz ihrer geringen Größe einiges zu bieten. In Kloster befindet sich das Heimatmuseum Hiddensee in einem der ältesten Gebäude der Insel, dort wird das Leben der Menschen auf Hiddensee thematisiert und jährlich wechselnde Sonderausstellungen informieren über die Geschichte. Dort befindet sich ebenso das Gerhardt-Hauptmann-Haus, das Sommerhaus des gleichnamigen Dichters und Nobelpreisträgers. In Vitte finden Sie das Asta Nielsen Haus „Karusel" von 1922/23, in dem die dänische Stummfilmdiva in den Sommermonaten mit ihrer Familie hauste und das zum Treffpunkt für Bekannte und Freunde der Dänin wurde, die Homunkulus-Figurensammlung und die blaue Scheune. Und in

Neuendorf können Sie das Fischereimuseum besuchen. Die Inselkirche in Kloster wurde 1332 geweiht und im 18. Jahrhundert komplett umgebaut. 1922 wurde das hölzerne Tonnengewölbe vom Maler Nikolaus Niemeier mit Rosen bemalt, heute „Hiddenseer Rosenhimmel" genannt. Das Gebäude dient als Pfarrkirche und Veranstaltungsort für geistliche Abendmusik und Konzerte. Im Zentrum Vitte können Sie von Ostern bis Oktober das Zeltkino besuchen. Auf Hiddensee befinden sich außerdem zwei Leuchttürme, der Leuchtturm Dornbusch, das Wahrzeichen der Insel, das 1888 in Betrieb genommen wurde und 100 Meter hoch ist, und das Leuchtfeuer Gellen aus dem Jahr 1905, das mit einer Höhe von gerade einmal 12 Metern sehr klein ist. Außerdem findet man sogar sechs Stolpersteine in Gedenken an die Opfer des Nationalsozialismus. Einmal jährlich findet der Hiddenseelauf statt, bei dem vier unterschiedlich schwere Strecken gelaufen werden können.

Auf der Insel lebten viele Künstler, für die die Umgebung eine Inspiration war, zum Beispiel Ivo Hauptmann, der von 1886 bis 1973 lebte, Henni Lehmann, 1863 bis 1937, und Elisabeth Büchsel, 1867 bis 1957. Neben vielen kulturellen Dingen können Sie auf Hiddensee auch sportlich aktiv werden. Am fast 17 Kilometer langen Strand, der von Mai bis September durch die DLRG überwacht wird, können Sie schwimmen gehen, außerhalb der Ortslagen in den Sommermonaten auch mit Hunden. Zudem ist die Insel ein Teil des Nationalparks „Vorpommersche Boddenlandschaft", da viele zum Teil auch seltene Vögel auf Hiddensee Rast machen und leben. Durch ein Verbot von privatem Autoverkehr ist das Fahrrad Verkehrsmittel Nummer eins, weswegen auch in allen Orten ein Fahrradverleih zu finden ist. Ziel für eine Tour mit dem Rad sind die Aussicht „Großer Inselblick" und die Leuchttürme. Im Naturschutzgebiet, am Strand und an der Steilküste können Sie spazieren und wandern gehen. Auch Angeln, Segeln und Surfen gehören auf dieser Ostseeinsel zu beliebten Sportarten, benötigte Geräte können bei ,Segel und Surf Hiddensee' ausgeliehen werden.

Auf Hiddensee kommen Sie in Ferienhäusern, -wohnungen und -zimmern oder in Privatzimmern unter.

Ummanz

Ummanz ist eine zu Mecklenburg-Vorpommern gehörende und der Insel Rügen westlich vorgelagerte kleine

Insel, die ebenfalls zum Nationalpark „Vorpommersche Boddenlandschaft" gehört. Sie ist über eine Brücke mit Rügen verbunden. Auf Ummanz sind nur wenige Touristen, wer nach Natur und Ruhe sucht, ist
hier genau richtig.

In Suhrendorf befindet sich das größte Stehrevier
Deutschlands, wodurch perfekte Bedingungen für
Windsurfen, Kiten und SUP herrschen. Sportgeräte
können Sie bei der Umaii Wind- und Kitesurfschule
ausleihen. Reiten, Wandern und Radtouren sind ebenfalls Aktivitäten, mit denen Sie auf Ummanz auf Ihre
Kosten kommen. Mit dem Walderlebnispfad, dem Vo-
gelbeobachtungspunkt Tankow, den Deich-Rad- und
Wanderwegen, dem Erlebnisbauernhof Kliewe mit
Streichelzoo, Tobehalle, Hofrestaurant und Fahrradverleih und dem Hof Bauer Lange mit Hofladen, Restaurant, Ferienwohnungen, Maislabyrinth und ebenfalls einem Streichelzoo, haben Sie viele Möglichkeiten, den Besuch auf Ummanz unvergesslich zu machen. Sehenswert sind außerdem das Fischereimuseum, die Nationalparkausstellung, die Marienkirche
in Waase, ein Backsteinbau aus dem 14. Jahrhundert
mit einem wertvollen spätgotischen Schnitzaltar von
1520, und der kleine Leuchtturm, das Wahrzeichen der
Insel, erbaut im Jahr 1997 als Landmarke und Kiosk mit

einer Höhe von 7 Metern. Für einen entspannten Nachmittag mit Kaffee sind das Café Ummanz, das Café Zuckerkuss und der Hof Bauer Lange zu empfehlen.

Rügen

Rügen ist die größte und mit 77.000 Einwohnern auch die bevölkerungsreichste Ostseeinsel Deutschlands. Sie gehört zum Bundesland Mecklenburg-Vorpommmern. Stralsund stellt das „Tor" zur Insel Rügen dar, die durch den Rügendamm und die Rügenbrücke über den Strelasund mit dem Festland verbunden ist. Im Jahr 2011 erhielt die Insel für den großen Buchenbestand und die Kreidefelsen im Nationalpark Jasmund den Weltnaturerbe-Status von der UNESCO. Der Hauptort Rügens ist die Stadt Bergen. Die Insel wird in Regionen gegliedert, in denen die Ostseebäder und kleinere Dörfer liegen.

Die erste Inselregion ist die Halbinsel Jasmund, die auf allen Seiten von der Ostsee umgeben ist. Auf ihr finden Sie die Kreidefelsen, dichte Wälder und Seen im Naturschutzgebiet Jasmund. Auf den vielen Fahrrad- und Wanderwegen können Sie die Gegend erkunden und seltene Pflanzen entdecken. Der Höhepunkt ist der 118 Meter hohe

Königsstuhl im Nationalpark, zu dem die Kreideland-
schaften seit 1990 gehören. Von dort haben Besucher
einen wunderschönen Ausblick auf die Kreideküste.
Im Nationalparkzentrum erfahren Sie viel über die Ent-
stehung dieser beeindruckenden Natur, die Eiszeit und
Geschichte der Gegend.

Das Eingangstor zur Halbinsel kennzeichnet die
Hafenstadt Sassnitz, deren Hafen ein Startpunkt für
Ausflugsschiffe ist und von deren Fährhafen Fähren
nach Skandinavien und ins Baltikum starten. Im Ort
finden Sie Hotels, Ferienwohnungen und -häuser, in
denen Sie unterkommen können. Die Altstadt in Sassnitz lädt zum Bummeln ein, Sie können Villen aus der
Gründerzeit und die Bäderarchitektur bewundern oder
am Strand und in der Natur spazieren gehen. Der
kleine Ort Lietzow mit seinem Sandstrand und den
Wäldern wirkt unberührt und still und lädt ebenfalls
zu Spaziergängen ein. Im Gästehaus, Hotel oder auf
dem Campingplatz finden Sie einen Platz für die Nacht.
Das „Schloss Liechtenstein" aus dem 19. Jahrhundert,
den Waldpark Semper von 1920, die Sicht auf den Jasmunder Bodden, die Rhododendron-Allee und den
Kaskadenteich dürfen Sie sich in Lietzow nicht entge-
hen lassen.

Sagard ist das erste Kurbad Rügens aus Jahr 1750, 1795 bis 1830 war es eine Brunnen-, Bade- und Vergnügungsanstalt, später wurde das Baden im Meer beliebter. Der Ort ist ländlich und histo- risch und im Ortskern können Sie den alten Kur- park Brunnenaue, Fassaden der Bürgerhäuser und die spätromanische St. Michael-Kirche von 1210 besuchen. In der Nähe finden Sie die Therme der Halbinsel und die Gegend lässt sich auch gut mit dem Rad erkunden. Im ehemaligen Fischerdorf Glowe, finden Sie das Schloss Spycker und einen tollen Badestrand. Oder unternehmen Sie doch ei- nen Spaziergang zum Svantekas, einem zwei Me- ter großen, rötlich gefärbten Findling am Tromper Wieck. In Glowe kommen Sie in Hotels, Pensionen und Ferienwohnungen unter. Das andere ehema- lige Fischerdorf Lohme wurde vom Greifswalder Maler Caspar Davis Friedrich sehr verehrt und ist schon seit 1884 ein Kur- und Badeort. Empfehlens- wert sind eine Wanderung nach Sassnitz oder Glowe entlang der Kreidefelsen.
Die zweite Region ist die Granitz, ein naturgeschütztes Waldgebiet zwischen Binz und Sellin. Beliebte Ziele sind der Schwarze See und das Jagdschloss, das im norditalienischen Renaissancestil im 19. Jahrhundert

mit einem 38 Meter hohen Aussichtsturm erbaut wurde. Mit dem guten Wanderwegnetz können Sie die Wälder und Moore der Region erkunden. Im Ostseebad Binz finden Sie hinter dem kilometerlangen Strand eine prachtvolle Promenade, die zum Bummeln, Shoppen und Essen einlädt. Neben Villen im Stil der Bäderarchitektur finden Sie viele weitere Sehenswürdigkeiten in Binz. Darunter das Museum zur Geschichte des Ortes, die evangelische Kirche, das Kurhaus von 1908 und die 370 Meter lange Seebrücke, die einen wunderschönen Panoramablick bietet und Startpunkt für Bootstouren zu den Kreidefelsen ist. Etwas außerhalb des Ortes befindet sich der KdF-Koloss Prora mit einem NVA-Museum und dem wunderschönen Strand dahinter.

Lancken-Granitz ist ein Dorf am Waldrand, das sich mit den rustikalen Reetdachhäusern, Bauerngärten und dem alten Pfarrhaus als idyllisches Ziel für einen Tagesausflug anbietet. Vom Dorf aus können Sie eine geführte Wanderung zu den sagen- und mythenumwobenen sieben Großsteingräbern aus der Steinzeit oder einen Familienausflug mit dem „Rasenden Roland" nach Sellin unternehmen. Das Ostseebad Sellin ist das Ziel der Eisenbahnstrecke, die seit 1996 wieder von historischen Lokomotiven befahren wird. Sie können hier das Bernsteinmuseum, die Galerie Hartwich oder die abends romantisch beleuchtete Seebrücke besuchen. Am Badestrand finden Sie im Sommer Trampoline, auf denen sich Kinder für kleines Geld austoben können. Außerdem ist der Ort ein perfekter Start für Wander- und Radtouren, also kommen Sie doch in einem Hotel, einer Ferienwohnung oder Pension in Sellin unter und genießen Sie Ihren Urlaub.

Die dritte Region Mönchgut ist durch mehrere Landzungen, Buchten, Wiesen und Hügel geprägt und seit 1991 ein UNESCO-Biosphärenreservat. Mit etwas Glück können Sie hier Kegelrobben beobachten. Im Mönchguter Museum erfahren Sie mehr zur Geschichte und Tradition der Halbinsel oder Sie entdecken alte Hügelgräber und Findlinge aus der Eiszeit. Das Ostseebad Göhren ist eines von drei Ostseebädern in dieser Region. Es ist ein ehemaliges Fischerdorf, in dem um 1875 ein Badeort entstand. Göhren lockt mit historischem Flair und der Bernsteinpromenade, wo Sie shoppen können. Auf dem Kurplatz finden im Sommer viele Konzerte statt und von der 350 Meter langen Seebrücke haben Sie einen tollen Panoramablick. In diesem Ostseebad können Sie auch Wassersport betreiben, neben Segeln, Windsurfen und Schwimmen werden auch Tauchkurse angeboten, um die Artenvielfalt der Ostsee zu entdecken.

Das zweite Ostseebad Baabe ist ein Badeort, der durch den natürlichen Mönchgraben vom Rest der Insel getrennt ist. Die prächtige Allee aus dem 20. Jahrhundert, das Münchtor am Ortseingang, die Reetdachhäuser, Strand und Wiesen laden zu entspannenden Spaziergängen ein oder Sie besuchen Boutiquen und Kneipen und übernachten in einer hübschen Ferienwohnung. Im Ostseebad Thiessow können Sie vom wiederaufgebauten Lotsenturm die Aussicht genießen, eine der Ferienwohnungen im Lotsenhaus buchen oder den von Sanddornbüschen gesäumten Weg auf die Anhöhe laufen und den Blick auf Greifswald genießen. Beim Wandern, Schwimmen oder Windsurfen im Ostseebad halten Sie sich fit und haben einen erlebnisreichen Urlaub.

Der kleine Ort Middelhagen verzaubert Besucher mit Backsteinhäusern und -kirchen, wie der St. Katharinenkirche und dem Schulmuseum Middelhagen. Und in den Fischerdörfern Gager und Groß Zicker spüren Sie ländliches Flair, bewundern die Reetdachhäuser, schöne Natur, die gotische Kirche, das

Pfarrwitwenhaus von 1720 und unternehmen vielleicht eine Fahrradtour auf den Radwegen.

Die vierte Region Muttland liegt im Zentrum Rügens und umfasst viele kleine Orte wie Buschvitz, Patzig, Zirkow, Parchtitz, Ralswieck und den Rügener Hauptort Bergen auf Rügen. Bergen erhielt 1613 das offizielle Stadtrecht und bietet einige sehenswerte Ziele. Den Rest der Wehranlage Prosnitzer Schanze, die Innenstadt mit Bürgerhäusern im Fachwerkstil vom 17./18. Jahrhundert, die Marienkirche von 1168, einen Backsteinbau im nordischen Barockstil und den 27 Metern hohen Ernst-Moritz-Arndt-Turm, von dem Sie die Aussicht über die Insel genießen können. Am Nonnensee können Sie Vögel beobachten und sich erholen oder an einem der Binnenseen im Naturpark Ost-Rügen Kanu fahren und angeln. Ralswieck besitzt ein schönes Schloss im französischen Renaissancestil aus dem späten 19. Jahrhundert, den Schlosspark mit botanischen Seltenheiten und das Freilichttheater, das für den Ort im Sommer am wichtigsten ist. Dort finden seit 1993 jährlich zwischen Juni und September die Störtebeker Festspiele statt, bei denen jeden Abend ein Feuerwerk zu sehen ist. Weitere interessante

Sehenswürdigkeiten sind der Hafen, Hügelgräber der Wikinger, ein schwedisches Holzkirchlein und zahlreiche Rad- und Wanderwege, unter anderen zum Nationalpark Jasmund.

Die fünfte Rügener Region ist die Halbinsel Wittow, die der nördlichste Teil der Insel ist und zwischen dem Wieker und Jasmunder Bodden liegt. Sie trägt durch eine starke Brise, die auf der Halbinsel weht, den Beinamen „Windland". Da dieser Teil bereits im 7. Jahrhundert besiedelt wurde, findet man hier Ruinen, zum Beispiel die der Jaromarsburg. Neben Dranske, Wiek und Breege-Juliusruh sind vor allem Kap Arkona und Altenkirchen beliebte Ziele. In Altenkirchen finden Sie Backsteinbauten, reetgedeckte Katen, eine Pfarrkirche aus dem 12. Jahrhundert und Sie können Wanderungen in den Wäldern und am Strand unternehmen. Das spannendste Ziel ist hier aber Kap Arkona, wo Sie den Schinkelturm und den neuen Leuchtturm besteigen können, um die Aussicht zu genießen. Außerdem finden Sie einen ehemaligen NVA-Bunker und die Königstreppe, die zum Steinstrand der Steilküste herunterführt. Vom Kap Arkona aus kann man zum Fischerdorf Vitt spazieren und dort Räucherfisch und andere Rügener Spezialitäten probieren. Ferienwohnungen gibt es im Rügenhof Putgarten, einem ehemaligen Gutshof. Außerdem können Sie hier im alten Wohnhaus von Bertholt Brechts Frau Kaffee trinken.

Die sechste Region ist Nord-West-Rügen mit malerischem Bodden, Kiefern- und Buchenwäldern und Kranichen, die im Herbst hier rasten. Außerdem hat diese Region ein großes Angelrevier, in dem es um die 48 Fischarten gibt, und eine Verbindung zur Insel Ummanz mit dem besten Surfspot. Der Ort Gingst ist das kulturelle Zentrum mit dem Heimatmuseum, der spätgotischen Jacobikirche und dem Rügenpark mit vielen Fahrattraktionen für die ganze Familie. Von Schaprode aus starten täglich Ausflugsdampfer und Fähren zur Halbinsel Wittow und nach Hiddensee. Weitere Orte, die Sie hier besuchen können, sind Dreschvitz, Trent, Vaschvitz, Neuenkirchen, Kluis und Rappin.

Die siebte und letzte Region ist Süd-Rügen mit vielen Erholungs- und Unternehmungsmöglichkeiten. Sie ist geprägt von Dörfern, Feldern, Wäldern und Seen. Auf dem 300 km ausgebauten und ausgeschilderten Radwegnetz kommen Sie überallhin, auch mit Kindern. In den Orten Putbus, Garz, Zudar, Poseritz, Gustow, Rambin, Karnitz,

Samtens, Altefähr und in Stralsund finden Sie alle Arten von Unterkünften für jedes Budget. Die historischen Altstädte Putbus und Garz sind einen Ausflug wert und in Garz können Sie ebenfalls die Orangerie besuchen, die ein ganzjähriger Veranstaltungsort für Ausstellungen, Konzerte und Lesungen ist. Außerdem sollten Sie sich unbedingt den slawischen Burgwall anschauen.

In allen Rügener Inselregionen finden Sie ausgeschilderte Hundestrände, einige hundefreundliche Hotels, Ferienwohnungen und -häuser sowie genügend Wanderwege für Freilauf. Zu empfehlen sind außerdem eine Heilkreidebehandlung in einem der Ostseebäder, das Naturerbe-Zentrum Rügen mit Baumwipfelpfad und Erlebnisausstellung und der Kletterwald in Prora. Zudem gibt es auf Rügen zahlreiche Campingplätze, die zum Teil auch direkt am Strand liegen und Ihren Urlaub zum Abenteuer werden lassen.

Vilm

Vilm ist eine 0,94 km² kleine Insel vor Rügens Südküste im Bundesland Mecklenburg-Vorpommern. Sie gehört zur Rügener Stadt Putbus und ist 3 Kilometer von Lauterbach auf Rügen und 20 Kilometer vom Festland entfernt. Die Insel besitzt nahezu alle Küstenformen der südlichen Ostsee und gehört zum Biosphärenreservat Südost-Rügen.

Vilm wurde vor vermutlich 3000 Jahren bei einer Sturmflut von Rügen getrennt und wird seit Mitte des 14. Jahrhunderts besiedelt. Die Bekanntheit der Insel stieg mit dem Ausbau Rügens zum Badeort. Im Jahr 1886 baute man ein Logierhaus auf Vilm, das von über 300, auch bekannten, Malern besucht wurde, wodurch die Insel ihren Beinamen „Malerinsel" erhielt. Es entstanden einige bekannte Gemälde auf Vilm, wie zum Beispiel „Landschaft mit Regenbogen" des Greifswalder Malers Caspar David Friedrich und „Eichen am Meer" von Carl Gustav Carus.

Die Insel weist eine große Tier- und Pflanzenvielfalt auf, weswegen sie 1936 unter Naturschutz gestellt wurde. Ab 1955 war Vilm stark in den DDR-Tourismus integriert, wodurch sie während der Saison täglich von 500 bis 1000 Menschen besucht wurde. Im Jahr 1959 errichtete das DDR-Ministerium ein Ferienheim, das aus elf reetgedeckten Häusern im Stil einer Fischersiedlung besteht. Heute ist die Insel ein Ausflugsziel und Treffpunkt für Wissenschaftler, Politiker, Theologen und viele mehr, um über Ursachen der Naturzerstörung zu diskutieren. Unterkünfte finden Sie auf

Vilm nicht, aber auf Rügen, zum Beispiel in Lauter-bach, in Pensionen und Ferienwohnungen. Trotzdem können Sie die Insel Vilm erkunden, mit einer Rund-fahrt und Inselführung mit der Fahrgastreederei Lenz.

Usedom

Die Insel Usedom liegt in der Pommerschen Bucht und gehört größtenteils zu Deutschland und ein kleines Stück ist Teil Polens. Sie ist durch den Peenestrom und das Stettiner Haff vom Mecklenburg-Vorpommer-schen Festland getrennt, zu dem die Insel gehört. Die Brücke bei Zecherin, über die die B110 führt, und die Brücke in Wolgast, über die die B111 und die Usedo-mer Bäderbahn führt, verbinden die Sonneninsel über den Peenestrom mit dem Festland.

Auf Usedom gibt es einige Orte, in denen Sie Ihren Urlaub verbringen und genießen können. Darunter gibt es die drei Kaiserbäder Heringsdorf, Ahlbeck und Bansin.

Heringsdorf ist durch die dort zu findende Bäder-architektur sehr bedeutend. An der Promenade können Sie in den vielen Geschäften shoppen und bummeln. Der breite Sandstrand mit der längsten Seebrücke Deutschlands und Kontinentaleuropas, die 1995 nach dem architektonischen Vorbild der alten Seebrücke mit

508 Metern neu gebaut wurde, lädt zu Spaziergängen und entspannten Tagen am Strand ein. Außerdem finden Sie in Heringsdorf tolle Hotels und Restaurants, in denen Sie verweilen können. In der Konzertmuschel wird Musik gespielt und vor Ort finden das Internationale Kleinkunstfestival, das Usedomer Musikfestival und die Usedomer Literaturtage statt. Im Kunstpavillon können Sie Ausstellungen und Galerien bewundern und Sie können Museen in Heringsdorf besuchen.

Ahlbeck liegt an der Grenze zum polnischen Badeort Swinemünde. Die Dünenstraße lockt mit prächtigen Villen im Stil der Bäderarchitektur und zum Verweilen gibt es viele Hotels, Restaurants und Gasthäuser. Die Promenade in Ahlbeck ist lebendig und von der Seebrücke aus können Sie Bootsausflüge nach Swinemünde oder zum Oderdelta unternehmen. In der Ostseetherme finden Sie Entspannung und in der Galerie im ältesten Haus des Ortes können Sie Kunst bewundern.

Im dritten Kaiserbad Bansin wurden, wie in den anderen zwei Kaiserbädern, ab 1991 im Rahmen der Stadtbauförderung, Hotels, Pensionen und Gaststätten saniert. Die Seebrücke wurde 1990 wieder aufgebaut, besitzt aber keine Land-

und Brückengebäude. Sehenswert sind hier die Villa Irmgard, das Heimatmuseum, die Maxim Gorki Gedenkstätte, das Hans-Werner-Richter-Haus, das sich dem Leben und Werk des Usedomer Autors widmet, das Café Asgard aus dem Jahr 1898, das älteste Café der Insel, und zuletzt das Tropenhaus, ein Kleinzoo, der 150 meist exotische Kleintiere beherbergt. Von Bansin aus können Sie einen Ausflug zur Steilküste am Langenberg oder zu den Nachbardörfern und Seen in der Umgebung unternehmen.

Trassenheide ist einer der sonnenreichsten Orte auf der Insel Usedom und empfehlenswert für einen Familienurlaub, da es eins der kleinsten Seebäder und damit nicht allzu überlaufen ist. Zwischen Karlshagen und Zinnowitz hat der Ort eine natürliche Umgebung, die zu Wanderungen und Spaziergängen einlädt. Trassenheide hat eine gute Infrastruktur und verfügt über eine Vielzahl an Hotels und Pensionen, aber auch den Campingplatz „Ostseeblick", auf dem Sie neben Zelt- und Stellplätzen auch Ferienbungalows buchen können. Gaststätten und Restaurants, wie der „Knurrhahn" laden mit regionalen Produkten und Fischgerichten zum Schlemmen ein. In der Konzertmuschel auf der Strandpromenade können Sie im Sommer Musikveranstaltungen beiwohnen. Unweit von Trassenheide finden

Sie verlockende und außergewöhnliche Ausflugsziele, wie das „Die Welt steht Kopf" Haus, einen Abenteuerspielplatz, die Minigolfanlage ‚Piraten an der Ostsee' und die 1903 erbaute und 1994 wieder instand gesetzte Holländer-Windmühle, die Sie von außen besichtigen können.

Karlshagen, der Ort vor Trassenheide, hat einen 1200 Meter langen feinen Sandstrand, der in Abschnitten auch als Sport- und Hundestrand ausgewiesen ist und im Sommer von Rettungsschwimmern überwacht wird. Von Karlshagen aus starten Schiffstouren auf das Achterwasser oder zur Insel Ruden. Radfahren, Wandern, Tennis, Minigolf und Inselrundfahrten gehören zu interessanten Aktivitäten vor Ort oder Sie besuchen die Heimatstube, das Bettenmuseum, das Naturschutzzentrum und im Sommer das Hafenfest mit Veranstaltungs- und Schlemmermeile.

Das Seebad Zinnowitz besitzt im Ortsinneren viele Gebäude im Stil der Bäderarchitektur. Das Wahrzeichen ist die Seebrücke mit der Tauchgondel, mit dieser zu fahren, ist ein Muss in Zinnowitz. Der schöne Strand und der verträumte Wald sind perfekt für Fuß- und Radwanderungen. Um sich zu entspannen, besuchen Sie die

Bernsteintherme und genießen Sie die Wellnesseinrichtungen. Sehenswürdigkeiten in Zinnowitz sind die Kirche, das Usedom Refugium und das Heimatmuseum, das über den Ort und die Insel informiert. Kulturell sind Sie im Kunsthaus Villa Meyer, im Atelier Giessler-Schwenk, im Club Kino und im Theater „Die Blechbüchse" richtig. Zahlreiche Ferienwohnungen, Hotels, Geschäfte, Boutiquen und Restaurants laden zum Verweilen im Ort ein. Zudem finden seit 1997 die Vineta-Festspiele auf der Freilichtbühne Zinnowitz statt.

Der Ort Peenemünde bietet einige Sehenswürdigkeiten. Das ehemalige Fischerdorf wurde von den Nationalsozialisten als Heeresversuchsanstalt für die Großraumraketenentwicklung für militärische Zwecke genutzt. Ab dem Jahr 1943 diente der Ort ebenfalls als KZ-Außenlager. Die Geschichte, ehemalige Gebäude und Exponate zur Vergangenheit Peenemündes finden Sie im Historisch-Technischen Museum. Außerdem können Sie ganz in der Nähe die Phänomenta, das Spielzeugmuseum, und im Hafen ein ausgedientes, russisches U-Boot der baltischen Rotbannerflotte besichtigen. Vom Peenemünder Hafen starten ebenfalls Ausflugsfahrten zu den Inseln Ruden und Greifswalder Oie.

Die Stadt Usedom ist das „Tor" zur gleichnamigen Insel, gelegen im Achterland zwischen dem Peenestrom und der Usedomer See. Die Stadt besitzt einen historischen Ortskern mit sanierten historischen Bauten. Sie können den Schlossberg mit dem Christianisierungsdenkmal, die Kirche St. Marien, einen dreischiffigen Backsteinbau aus dem 14./15. Jahrhundert, und das Anklamer Tor besichtigen. Dieses Tor ist das einzige übrig gebliebene Tor zur Stadt. Das genaue Jahr der Erbauung des viergeschossigen Backsteinbaus ist nicht bekannt, wird aber auf das Jahr 1450 geschätzt. Ab 1966 wird es als Heimatstube genutzt, die über den Alltag der früheren Usedomer Bauern und Fischer informiert und im Turmraum finden Trauungen statt. Im ehemaligen Bahnhof, dem Klaus-Bahlsen-Haus, befindet sich das Naturparkzentrum, in dem Sie mehr über die Natur und die Region erfahren. Weitere Ausflugsziele sind die Zecheriner Brücke, die ehemalige Hubbrücke in Karnin und die Dorfkirche oder Sie gehen am naturbelassenen Strand nördlich des Peenestroms maritimen Beschäftigungen nach.

Auf der Insel Usedom befinden sich in weiteren Orten noch zahlreiche sehenswerte

Ausflugsziele. Das Otto-Lilienthal-Museum in Anklam informiert Sie über das Leben und Werk des deutschen Flugpioniers, auf dem Streckelsberg in Koserow finden Sie einen 60 Meter hohen Aussichtspunkt, von dem aus Sie den Blick über die Sonneninsel schweifen lassen können. Das Wasserschloss Mellenthin aus der Renaissance lädt Sie mit Hotel, Gastronomie und Wellnesseinrichtung zum Verweilen ein. In zwei Ländern zur selben Zeit stehen? Das können Sie an der Grenze zu Polen zwischen Ahlbeck und Swinemünde. Mit Shopping, mehr als 50 Attraktionen für die ganze Familie und kulinarischen Spezialitäten rund um die Erdbeere lockt Karls Erlebnisdorf in Koserow. Beliebte Ziele sind auch das „Wildlife" Usedom und der Gesteinsgarten bei Ückeritz.

Für Sportfans hat die Sonneninsel ebenfalls viele Möglichkeiten zu bieten. In und zwischen den Orten gibt es Rad- und Wanderwege und Badestellen, die Sie gemeinsam mit der Familie erkunden können. Wassersportliebhaber können im Sportboothafen Ückeritz segeln, surfen und Boot fahren und vor Lubmin windsurfen und kiten. In Ückeritz finden Sie außerdem den Kletterwald Usedom oder Sie besuchen den Kletterwald Binz/Prora. Pferdefans kommen in der Reitanlage Friesenhof in Trassenheide auf Ihre Kosten und im

Zinnowitzer Tennisverein können Sie für 15 € die Stunde täglich von 9 bis 17 Uhr einen Platz mieten. Die Naturlehrpfade in Zempin und in Ückeritz um den Wockninsee bringen Ihnen die Vielfalt der Natur näher und in der Speisegaststätte Kregelins Bistro in Mönkebude am Stettiner Haff können Sie den Abend mit Bowling und Kegeln ausklingen lassen.

Unterkünfte finden Sie in den vorgestellten Orten in Form von Hotels, Schlosshotels, Wellnesshotels, Pensionen, Ferienwohnungen oder -häusern, auf Campingplätzen oder sogar auf Reiterhöfen.

Highlights eines Ostseeurlaubs

Zahlreiche Städte, Inseln und Orte wurden vorgestellt und was Sie alles erleben können. Es folgt eine kleine Zusammenfassung und Ergänzung von Attraktionen und Sehenswürdigkeiten an und in der Nähe der deutschen Ostseeküste, die Sie unbedingt besuchen sollten, um Ihren Urlaub unvergesslich werden zu lassen.

In Stralsund wird im „Deutschen Meeresmuseum" die Faszination Meer für den Besucher erlebbar gemacht mit beeindruckenden Exponaten wie dem 15

Meter langen Finnwal-Skelett und dem Original-
präparat einen sechs Meter großen Riesenkalmars.

In der „Experimenta – Planet Erde" auf der
Ostseeinsel Fehmarn entdecken Sie in einer Mi-
schung aus Labor, Museum und Spielplatz die Geschichte unseres Planeten vom Urknall bis zu den
Menschen. Beim Edelsteingraben und Goldwa-
schen können Sie und Ihre Kinder eine Erinnerung
mit nach Hause nehmen.

Karls Erlebnisdorf finden Sie an der deutschen
Ostsee gleich viermal in den Orten Koserow, Zirkow, Rövershagen und Warnsdorf. Der Park bietet
Ihnen Freizeitattraktionen zum Erleben und Köst-
lichkeiten aus Erdbeeren zum Schlemmen.
Der Vogelpark Marlow auf der Halbinsel Fischland-
Darß-Zingst geht nach dem Motto „Tiere hautnah erleben". Sie können die riesige Vogelvielfalt bewundern,
die Tiere zum Teil auch selbst füttern, bei der Greifvo-
gelshow und weiteren Sonderveranstaltungen und
Spezialführungen staunen. Auf den großen Abenteuer-
spielplätzen können sich Kinder austoben und am Kiosk bei kleinen Mahlzeiten Kraft tanken.

Die Tauchgondeln in den Orten Zingst, Grö-
mitz, Zinnowitz und Sellin lassen Sie ins Meer ein-
tauchen. Dabei können Sie vorbei schwimmende

Fische und Quallen beobachten und werden nebenbei über die Artenvielfalt in der Ostsee informiert.

Das Dinosaurierland Rügen bezaubert mit einem Dinosaurier-Freilichtmuseum und informiert mit dem Erlebnispfad zur Geschichte rund um unsere Fleisch- und Pflanzen-fressenden Vorfahren.

Im HANSA-PARK in Sierksdorf haben Sie mit Achterbahnen, Themenwelten, Shows, Paraden und vielem mehr einen Tag voller Erlebnisse für die ganze Familie.

Der Rügen Park Gingst fasziniert Besucher mit dem Miniaturland mit Sehenswürdigkeiten verschiedener Länder.

Der nördlichste Freizeit- und Erlebnispark Deutschlands, die TOLK-SCHAU, ist mit Achterbahnen, Berg- und Talbahnen, Rutschen und Streichelzoo auch einen Familienausflug wert.

Bei den Rügener Kreidefelsen können Sie ausgiebig wandern und im Nationalparkzentrum Königsstuhl die botanische Vielfalt der Insel und natürlich unter vier Aussichten die wohl bekannteste auf dem 118 Meter hohen Königsstuhl bewundern. Vielleicht halten Sie den imposanten Blick, wie einst der Maler Caspar David Friedrich, mit der Kamera oder sogar mit Stiften und Farbe als Erinnerung fest.

Das Schweriner Schloss liegt zwar nicht direkt an der Ostsee, aber dennoch lohnt sich ein Abstecher zu einer der bedeutendsten Bauten des Historismus in Deutschland.

Zuletzt empfehle ich einen Besuch und Spaziergang auf der längsten Seebrücke Deutschlands und Kontinentaleuropas in Heringsdorf auf Usedom mit einer Länge von 508 Metern inklusive Brückengebäude mit Restaurant.

Ein perfekter Urlaub

Ein Urlaub voller Eindrücke. Backsteinbauten aus vergangenen Zeiten, die wiederaufgebaut wurden, weite Wiesen und Felder, endlose Strände, romantische Sonnenauf- und -untergänge, Strände für Hunde, Heimatmuseen, die über die Geschichte der Orte informieren, Museen, die sich der Arten- und Naturvielfalt widmen, Wassersport und andere Aktivitäten für bewegungsbegeisterte Urlauber, weite Aussichten, idyllische Seen, bunte Promenaden, vielseitige Städte und vor allem immer das rauschende Meer im Ohr. Sollte Ihr Interesse für eine Reise an die deutsche Ostsee geweckt sein, freut es mich sehr. Mit Ihren tollen Sehenswürdigkeiten, Attraktionen und Aktivitäten ist für jeden etwas dabei. Ob Strandurlaub, Fahrrad- oder Fußwanderungen, Segeltörns mit der Familie auf kleinen Jachten oder mit einer Gruppe auf größeren Schiffen: Ihr Urlaub wird mit Sicherheit ein unvergessliches, traumhaft schönes, zeitweise atemberaubendes Erlebnis, das sich lohnt und an das Sie sich noch einige Zeit erinnern werden. Mehr Informationen und Einzelheiten zu Inseln, Orten und Städten, die Sie vielleicht besuchen möchten, finden Sie auf gut übersichtlichen Internetseiten oder auch per Telefon in der örtlichen Kurverwaltung.

Herstellung und Verlag:

BoD – Books on Demand, Norderstedt

ISBN: 9783756219803

© Georg Schöffler 2022

1. Auflage

Kontakt: Psiana eCom UG/ Berumer Str. 44/ 26844 Jemgum

Covergestaltung: Fenna Larsson

Coverfoto: depositphotos.com